Ninja Life Hacks™

Este libro está dedicado a mis hijos - Mikey, Kobe y Jojo.

Copyright © 2022 Grow Grit Press LLC. Todos los derechos reservados. Ninguna parte de este libro puede ser reproducida en ninguna forma sin el permiso por escrito de la editorial. Por favor, envíe solicitudes de pedido al por mayor a growgritpress@gmail.com Impreso y encuadernado en los Estados Unidos. NinjaLifeHacks.tv Tapa blanda ISBN: 978-1-63731-549-1 Tapa dura ISBN: 978-1-63731-550-7

La Ninja Perfecta

Por Mary Nhin

Me encantaba hacer las cosas perfectamente.

De hecho, cuando cometía un error, a menudo me molestaba y a veces incluso me rendía.

Por ejemplo...

Si estaba perdiendo durante un partido de fútbol, dejaría de intentarlo.

Si las respuestas no me llegaban de inmediato mientras hacía los deberes, me frustraba y lloraba.

¡Y si me equivocaba mientras dibujaba, gritaba!

Tenía que ser perfecta en todas las circunstancias. Desde mi punto de vista, no había tiempo ni espacio para errores.

¡Pero todo eso cambió durante...

...un juego de fútbol!

Mis compañeros y yo habíamos practicado toda la temporada para el campeonato. Incluso me tomé tiempo extra justo antes del gran día para perfeccionar mis técnicas y estrategias.

Pero no fuimos rivales para los Kingpins ese año. Estaban ganando 2-1.

Durante el descanso, la Ninja Determinada me hizo un cumplido.

---Sí... pero no te diste por vencida ---animó la Ninja Determinada---. Seguiste intentando y cambiaste de estrategia. Se necesita coraje para seguir compitiendo. Lo estás haciendo genial.

Está bien si no somos perfectas. Nadie lo es.
Los errores nos ayudan a crecer.

Durante el resto del juego, jugué con todo mi corazón, sin importarme hacer las cosas a la perfección.

Después de ese día, adopté una mentalidad de crecimiento. Comencé a esperar errores y fracasos porque eran mis nuevos maestros. Entendí que para crecer, cometer errores era un paso normal del proceso, siempre y cuando estuviera aprendiendo de ellos.

Tu mejor arma contra el perfeccionismo es aceptar que el fracaso es parte del viaje.

Mientras aprendas y crezcas de tus errores, tendrás éxito.

¡Visita ninjalifehacks.tv para obtener imprimibles divertidos gratis!

@marynhin   @officialninjalifehacks
#NinjaLifeHacks

Mary Nhin   Ninja Life Hacks

Ninja Life Hacks

@officialninjalifehacks